AF312385

SOCIÉTÉ
DES
INGÉNIEURS CIVILS DE FRANCE
FONDÉE LE 4 MARS 1848
Reconnue d'utilité publique par décret du 22 décembre 1860

10, Cité Rougemont, 10

PARIS

DÉPOT LÉGAL
Seine
3° 3680
1895

LA

TURBINE A VAPEUR DE LAVAL

PAR

M. K. SOSNOWSKI

INGÉNIEUR CIVIL

EXTRAIT DES MÉMOIRES DE LA SOCIÉTÉ DES INGÉNIEURS CIVILS DE FRANCE

(Bulletin de mai 1895)

PARIS
10, Cité Rougemont, 10.

1895

LA
TURBINE A VAPEUR DE LAVAL

PAR

M. K. SOSNOWSKI.

MESSIEURS,

Qu'il nous soit permis tout d'abord de remercier votre Président ainsi que le Bureau d'avoir bien voulu nous offrir l'occasion de vous présenter la turbine à vapeur de Laval, dont vous avez un modèle devant les yeux.

Cet appareil ne vous est pas inconnu. Vous avez pu le voir figurer dans quelques-unes de nos Expositions et en entendre souvent parler.

Si nous nous permettons d'appeler sur lui à nouveau votre bienveillante attention, c'est qu'il la mérite, non plus à titre de simple curiosité, non pas comme un appareil de laboratoire ou de démonstration pour lequel il pouvait encore passer, il y a un an, à vos yeux, mais comme un appareil industriel, une machine dans toute l'acception du mot. Toutes les objections qu'il provoquait au début, à cause de sa nouveauté, et auxquelles nous ne pouvions opposer que nos affirmations pures et simples, peuvent être réfutées aujourd'hui avec des preuves réelles à l'appui; toutes les appréhensions et les craintes du début peuvent être dissipées par les données de l'exploitation industrielle d'un an en France et de plus de trois ans à l'étranger.

C'est cette consécration pratique, ce sont, en un mot, les états de service de notre appareil qui nous ont paru une raison suffisante pour revenir sur ce sujet maintes fois déjà traité.

Nous n'avons pas besoin d'insister sur la façon dont on utilise l'énergie de la vapeur à l'aide des machines à pistons, que le mouvement de ces derniers soit alternatif, rectiligne, ou rotatif.

Avec les machines à condensation et multiple expansion on a réalisé tout ce qu'on pouvait attendre de ce genre de moteurs.

Le rendement définitif est resté cependant faible, à cause du mode même de la transformation de l'énergie calorique en énergie mécanique. Les pertes d'effet dues à la détente incomplète, à l'action des parois et à d'autres causes secondaires ne permettent pas de dépasser, dans les meilleures machines à vapeur, le tiers du rendement théorique du cycle de Carnot, lequel, à son tour, ne représente que le quart de l'énergie potentielle du combustible.

Dans la turbine de Laval, les deux causes principales de faible

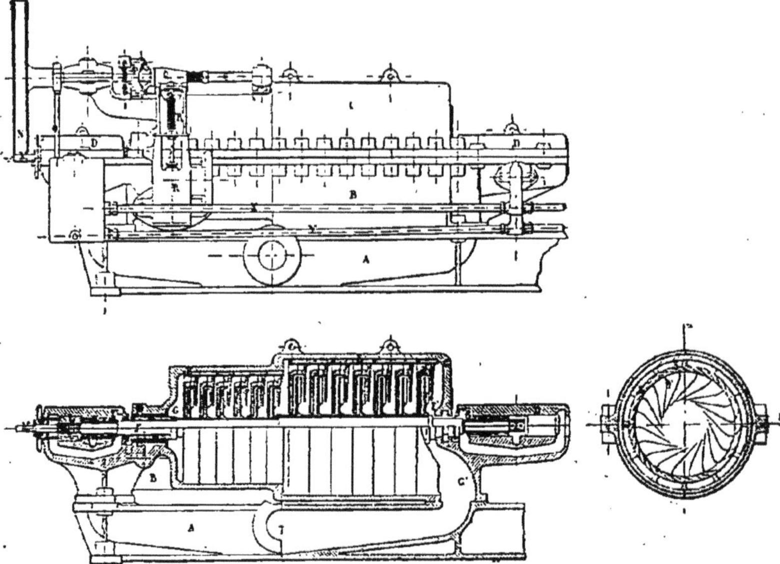

Fig. 1. — Élévation, coupe longitudinale et transversale d'une turbine centrifuge Parsons.

rendement des machines à pistons sont très heureusement circonscrites.

Nous n'allons pas dire que c'est là une première tentative dans cette voie nouvelle, mais une tentative couronnée de réels succès.

Sans aller trop loin, — car, comme en toute autre chose, on pourrait trouver ici de très anciens précurseurs, — et sans entrer dans trop de détails, nous ferons l'historique d'appareils similaires pour mieux différencier notre appareil de ses congénères et pour mieux en faire ressortir les côtés caractéristiques.

Turbo-moteur Parsons (1884).

Les premières turbines Parsons étaient du type Jonval à circulation parallèle à l'axe de rotation. Elles sont caractérisées par le fait que la chute de pression de la vapeur ne se fait pas d'une seule fois, mais s'opère graduellement, en passant par une série de distributeurs fixes et de roues-turbines. Il en résulte la nécessité de diminuer autant que possible les jeux entre les parties fixes et les parties mobiles pour réduire les pertes de vapeur.

Dans les turbines plus récentes, la vapeur travaille radialement, dirigée en un flux, soit centripète, soit centrifuge.

Turbine centripète (1890) *(fig. 1)*. — Le cylindre de la turbine est en deux parties B et C, boulonnées ensemble. L'arbre J' qui le traverse porte une série de roues mobiles de deux dia-

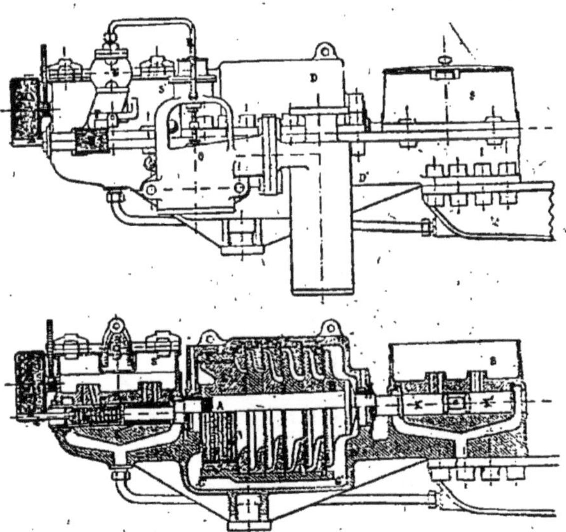

Fig. 2. — Élévation et coupe longitudinale d'une turbine centrifuge Parsons.

mètres différents, afin que la détente se fasse en compound d'une série à l'autre. Toutes portent des ailettes rayonnantes F.

Les couronnes directrices E sont fixées aux demi-cylindres B et C.

Pour diminuer les fuites intérieures et forcer toute la vapeur à traverser les turbines, on ajuste avec précision les pièces tournantes, de manière à ne laisser que le jeu strictement nécessaire pour éviter le frottement.

La vapeur arrive par la soupape réglable R dans l'espace G,

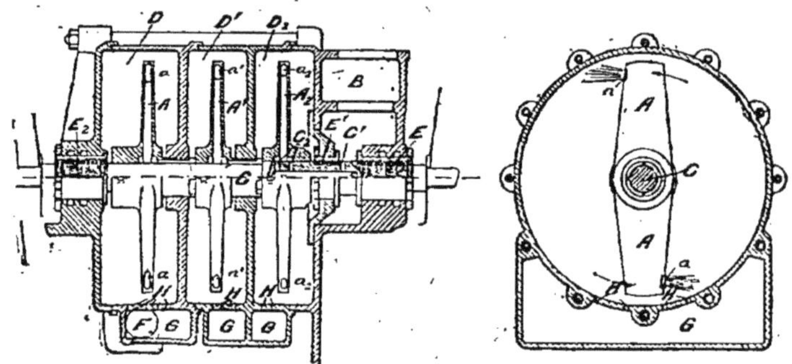

Fig. 3. — Turbine Parsons à réaction.

s'épanouit sur l'écran E′, traverse l'espace annulaire S, s'engage dans les distributeurs qui la dirigent, en un flux centripète, sur

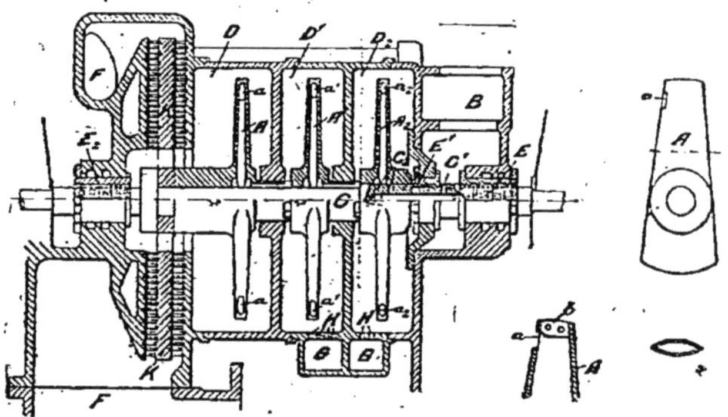

Fig. 4. — Détails de la turbine Parsons à réaction.

les autres réceptrices. D'une turbine elle passe à l'autre en se détendant graduellement.

Turbine centrifuge (1891) *(fig. 2).* — Dans ce type la vapeur est admise dans l'espace F. Les turbines B calées sur l'arbre A se touchent par les moyeux dont le diamètre décroît progressivement du côté de l'échappement. La vapeur, après avoir franchi

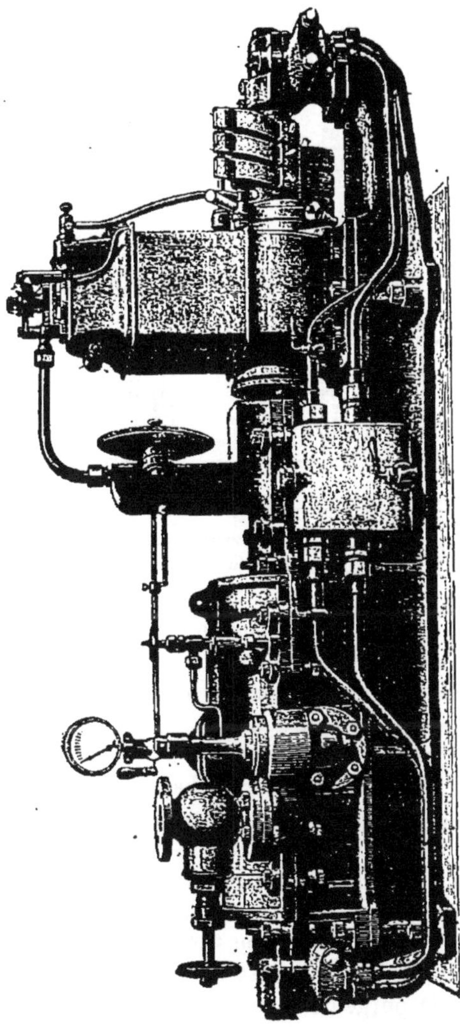

Fig. 5. — Turbo-générateur électrique Parsons.

successivement les différents cercles de directrices fixes de la première couronne C, et des aubes du premier disque mobile B, passe du dernier cercle de B au premier cercle des directrices c suivantes, et ainsi de suite, en se dilatant successivement de manière à s'échapper par G dans l'atmosphère ou au condenseur, sous une faible pression.

L'échappement G communique avec la face extérieure du piston E. Ce piston, garni de nervures circulaires emboîtées dans les rainures correspondantes de son cylindre F, est calculé de

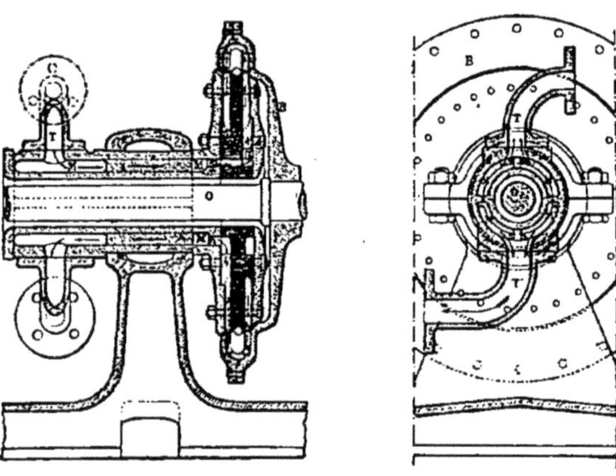

Fig. 6. — Coupe longitudinale et transversale par les tuyaux d'admission et d'échappement de la turbine Dumoulin.

façon à presque équilibrer la poussée de la vapeur qui tend à écarter les disques B des couronnes C.

En dernier lieu, le même inventeur a réalisé un moteur *(fig. 3 et 4)* qui rappelle l'éolipyle de Héron.

La vapeur admise en B pénètre *(fig. 3)* par les trous C' et C² dans le premier bras A_2, d'où elle s'échappe, par les orifices tangentiels *aa*, dans la première chambre D_2: puis elle passe, de cette chambre, par l'orifice annulaire ménagé autour de l'arbre C, dans le second bras A_1... et ainsi de suite jusqu'à la dernière chambre D, d'où elle s'échappe par F, soit directement, soit après avoir épuisé sa force sur une turbine K *(fig. 4)*. Les fuites de vapeur autour de l'arbre C sont évitées par des garnitures cannelées EE_2 et la purge de l'eau de condensation des chambres D_1D_2... se fait dans les poches G, au travers des trous H. La vapeur se détend donc d'un bras A à l'autre, au travers des chambres successives D, D_1...

La figure 5 représente un turbo-générateur électrique Parsons.

Turbine Dumoulin (1886) *(fig. 6 et 7).*

L'enveloppe B, calée sur l'arbre O, peut se mouvoir autour du disque fixe indiqué en doubles hachures sur la figure 6. L'ensemble est divisé en quatre secteurs par les conduits [d'admission aa'' et d'échappement hh'' *(fig. 7)*. Dans chacun de ces groupes la vapeur admise en aa'' par TMmDD' passe successivement du disque fixe à la couronne de l'enveloppe mobile, puis de cette couronne au disque jusqu'à l'échappement h'' qui l'amène à l'air libre ou au condenseur, après avoir produit son effet sur les

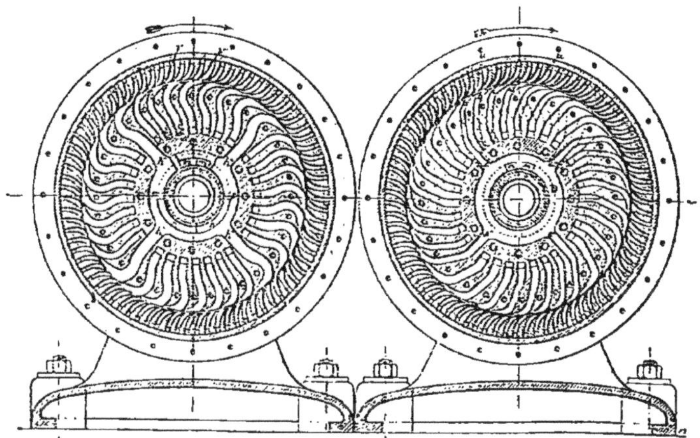

Fig. 7. — Vue de deux faces d'admission et d'échappement de la turbine Dumoulin.

aubes uv de la couronne et s'y être détendue jusqu'à la pression de l'échappement.

L'appareil a été étudié pour satisfaire le mieux possible aux conditions indispensables à la libre déviation.

Turbine Dow (1893) *(fig. 8 et 9).*

La vapeur admise par A pénètre par les ouvertures C_4 des rondelles fixes C et les jeux ii', ménagés entre les faces de ces rondelles et celle du disque F calé sur l'arbre D, entre les aubes d'une première paire de roues EE et les directrices correspondantes des disques *cc*, pour s'en échapper radialement dans une

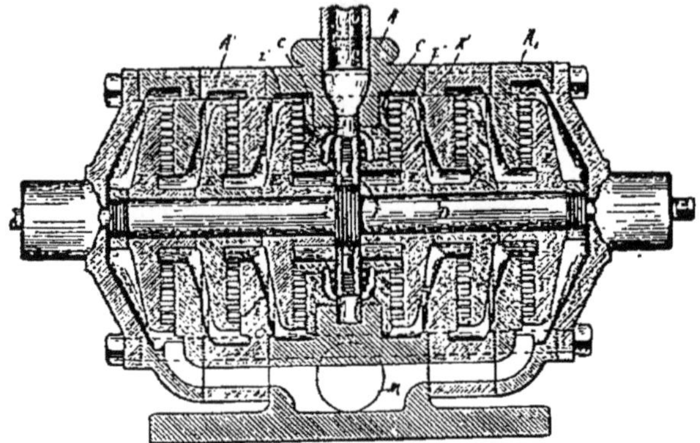

Fig. 8. — Coupe longitudinale du turbo-moteur Dow.

chambre L, d'où elle passe à une seconde paire de récepteurs A'E, puis à une troisième A²E, d'où la vapeur s'échappe définitivement en M sous une très faible pression.

Le tracé des directrices *cc'* et des aubes *ee'* est nettement représenté sur la figure 9.

La pression à droite et à gauche du disque central F est toujours égale, car, dès que l'effort est plus grand à droite, toutes les réceptrices se porteront de ce côté, le disque F viendra buter contre les rondelles C et fermera les orifices *i* en dégageant *i'*. Une plus grande quantité de vapeur passera de ce côté et le système sera ramené dans sa position normale. C'est une turbine *centrifuge*.

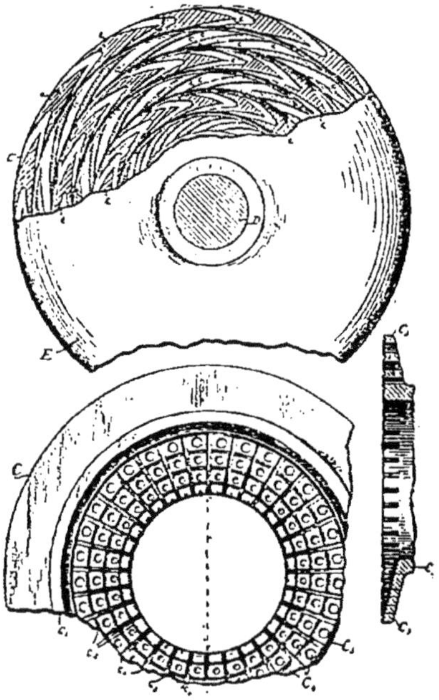

Fig. 9. — Coupe transversale de la turbine Dow.

Turbine Edwards (1892) *(fig. 10 et 11)*.

Cette turbine à vapeur se compose d'un disque 30 mobile entre deux plateaux fixes 14 et 15 et entrainant l'arbre de couche par le plateau 31. La vapeur admise par 10, 11, 12 et 21 entre le disque mobile et les deux disques fixes s'échappe par 33 après

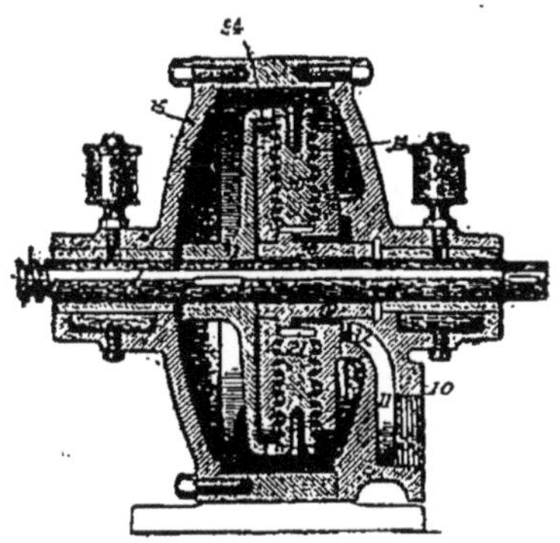

Fig. 10. — Coupe longitudinale de la turbine Edwards.

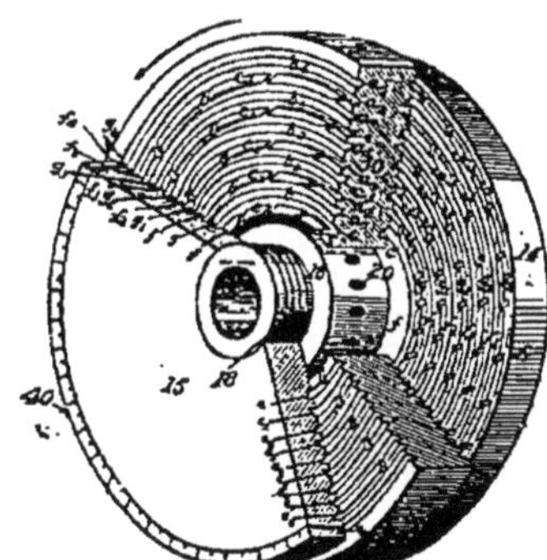

Fig. 11. — Détail des disques de la turbine Edwards.

s'être détendue entre les aubes réceptrices et directrices du moteur. C'est une turbine *centrifuge*.

Le jeu entre le disque moteur et ses plateaux est d'environ 7/100 de millimètre et on peut le régler avec une très grande précision au moyen de verniers 40 *(fig. 11)* tracés sur les plateaux 14 et 15.

Turbine Mac-Elroy (1893) *(fig. 12)*.

Dans cette turbine, la vapeur suit un trajet *centripète*. Admise en JH autour du disque moteur A, elle s'échappe du centre G, par *gg*, après avoir parcouru les canaux spiraloïdes K des plateaux F qui vont en s'élargissant vers le centre, de manière à permettre à la vapeur de se détendre en même temps qu'elle réagit sur les aubes du disque A.

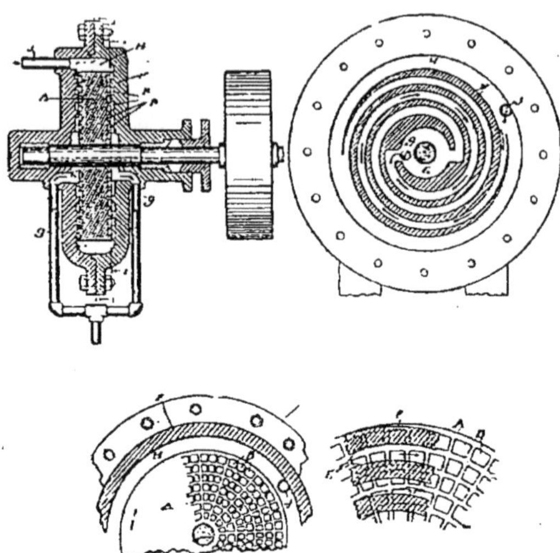

Fig. 12. — Détails de la turbine Mac-Elroy.

Turbine Seger (1893) *(fig. 13*

Cette turbine est constituée par deux roues a et b conjuguées par des pignons de façon à tourner avec des vitesses égales, mais en sens contraires. Elles sont enfermées dans une chambre, d'où la vapeur s'échappe après avoir passé de c en a et b au travers

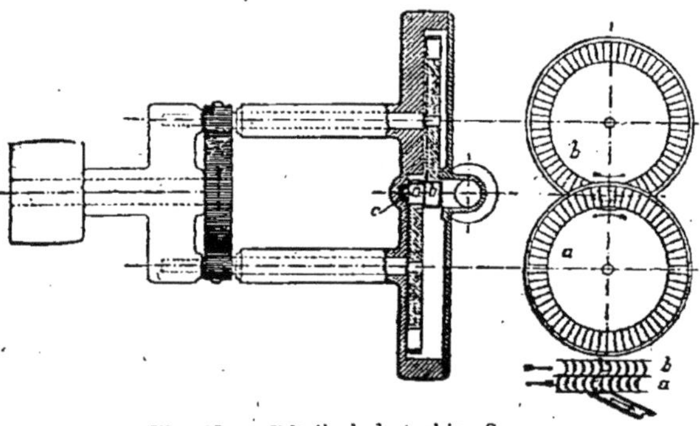

Fig. 13. — Détails de la turbine Seger.

des aubes des parties de ces deux roues qui se recouvrent. Nous citons, seulement à titre de document, cette turbine qui ne nous paraît pas avoir vu le jour, et dont le rendement ne pourrait être que très médiocre.

Comme vous avez pu le remarquer, Messieurs, tous ces appareils utilisant la pression de la vapeur exigent une parfaite étanchéité et tournent à des vitesses considérables. Le jeu de 7/100 de millimètre peut être réalisé, mais difficilement maintenu dans ces conditions, d'où les fuites de plus en plus grandes et l'utilisation de la pression de la vapeur de plus en plus défectueuse.

Turbine de Laval (1889) *(fig. 14-36)*.

Au lieu d'utiliser la pression de la vapeur, M. de Laval a eu, et bien avant les dernières solutions dont nous venons vous entretenir, l'idée de laisser cette vapeur se détendre d'elle-même en prenant la vitesse déterminée par la pression des deux milieux où l'on opère, puis d'utiliser cette énergie cinétique dans un mécanisme semblable aux turbines hydrauliques, en communiquant à celui-ci sa quantité de mouvement par une modification continue de la direction de la vitesse relative et une réduction graduelle de la vitesse absolue.

PRINCIPE DE LA TURBINE DE LAVAL.

Le principe fondamental de cette turbine est que la *vapeur* à haute pression *arrive entièrement détendue sur les aubes* de la roue réceptrice. Cette détente s'effectue dans les distributeurs et la vapeur y acquiert une force vive qui est égale au travail qu'elle aurait fourni en se détendant graduellement derrière un piston.

La *force vive seule* est donc utilisée dans cette machine. Or, la densité du fluide détendu étant très faible, le principal facteur de cette force vive est la *vitesse*.

La vapeur s'écoulant dans l'air sous pression par un orifice de petite section prend des vitesses considérables, qui atteignent 735 *m* par seconde à la pression de 4 *atm* à la chaudière, et 892 à celle de 10 *atm*.

Si la pression du milieu, où a lieu l'échappement, ne dépasse pas 0,1 d'atmosphère, ces vitesses s'élèvent réciproquement à 1 070 et 1 187 *m* par seconde.

La vitesse de la vapeur à la sortie des distributeurs étant énorme, il en sera de même de la vitesse de rotation de la roue réceptrice, laquelle tourne de 8 000 à 30 000 tours par minute, avec des vitesses linéaires variant entre 175 et 400 *m* par seconde.

Un travail considérable pourra être transmis à l'arbre de la roue avec des organes de dimensions très faibles. En effet, l'effort tangentiel est insignifiant ; sur une circonférence de 0,07 *m* de rayon,

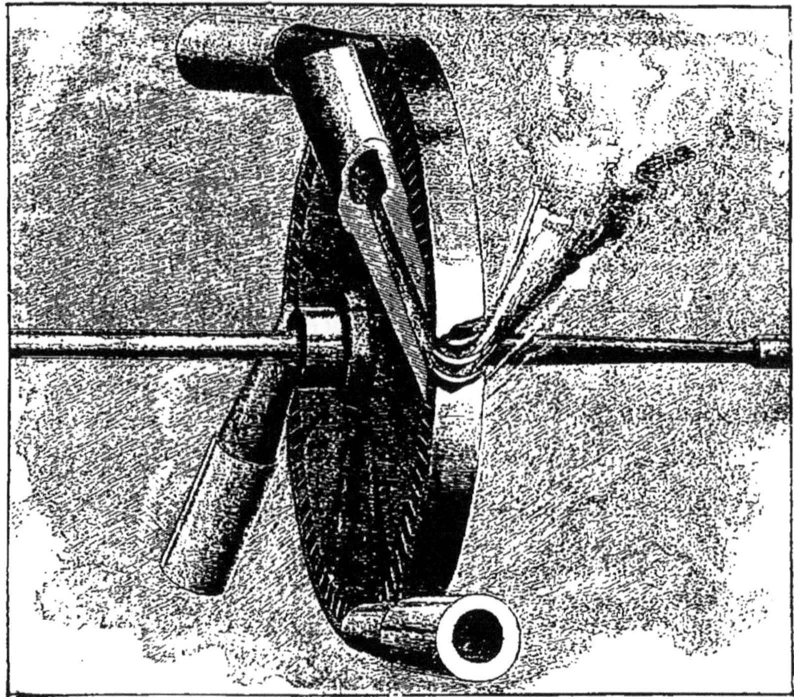

Fig. 14. — Vue en perspective de la roue à aubes et des canaux d'admission de la vapeur.

à 400 tours par seconde, il ne dépasse pas 4 *kg*, lorsque la machine produit la puissance de 10 *ch*.

Aussi les roues-turbines sont très petites relativement à la puissance développée (0,50 *m* de diamètre pour 200 *ch*), et les arbres très minces.

Description de la Turbine de Laval.

La turbine de Laval est analogue à une turbine hydraulique à introduction partielle et libre déviation.

Elle se compose d'une roue à aubes *(fig. 14)* sur laquelle la vapeur, complètement détendue, est amenée par un ou plusieurs ajutages coniques, dont l'axe est faiblement incliné sur le plan de la roue. Ces jets de vapeur pénètrent dans les conduits récepteurs en glissant le long des aubes, en vertu de la vitesse relative et en leur communiquant la force vive de la vapeur. Cette vapeur

sort sur la face opposée avec une vitesse absolue que l'on cherche à rendre la plus faible possible par un tracé approprié des aubes.

Le corps de la turbine est monté sur un axe en acier *(fig. 16)* qui repose sur deux coussinets à ses extrémités et tout l'ensemble tourne dans une chambre *(fig. 17)*, où sont ménagées des ouvertures *a* dans lesquelles viennent se fixer les ajutages distributeurs.

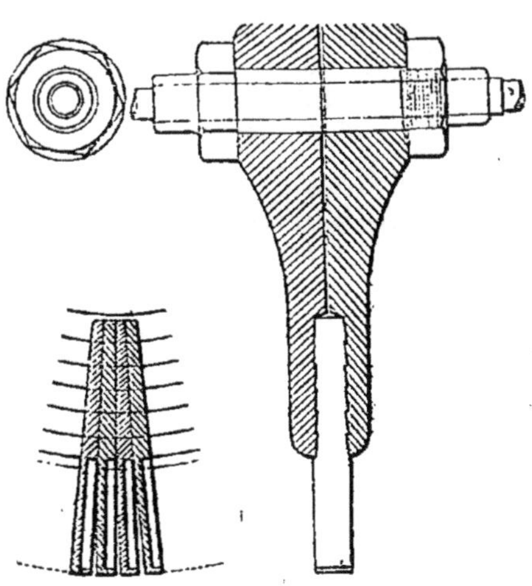

Fig. 15. — Roues à aubes séparées.

A une des extrémités de l'arbre se trouve le régulateur *(fig. 18)* dont les détails sont représentés sur la figure 19, qui agit, par un levier, sur une soupape équilibrée placée à l'entrée de la vapeur dans la turbine.

Un train d'engrenage *(fig. 16-3* et *fig. 20)* complète l'ensemble

Fig. 16. — Pignon, arbre, roue à aubes.

du moteur, et réduit la vitesse de la turbine dans le rapport que l'on désire.

Ajutages distributeurs de vapeur. — Cet organe essentiel a pour effet de permettre à la vapeur de se détendre complètement avant d'arriver sur les aubes. Sa section présente une forme particulière destinée à épouser autant que possible la forme du jet.

La section finale doit être telle que le fluide y ait acquis la densité correspondant à la pression du milieu qui baigne la turbine. Ces ajutages peuvent être obturés au moyen de robinets vannes qui passent dans des presse-étoupes ; on comprend que, par ce moyen, le réglage de la puissance se fasse dans d'excellentes conditions, puisque chaque ajutage fonctionne pratiquement d'une manière indépendante. Le rendement peut donc rester excellent.

Fig. 17. — Chambre.

Roue proprement dite. — La roue de la turbine est en acier de toute première qualité ; les aubes sont taillées à la fraise sur la périphérie de la roue, et une frette en acier est ensuite forcée autour des

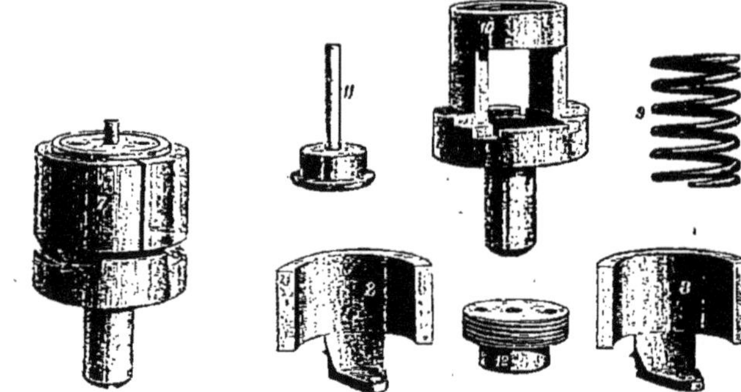

Fig. 18. — Régulateur.

Fig. 19. — Détails du régulateur.

aubes *(fig. 14)*. Cette frette empêche les remous de vapeur au bout des aubes ; elle supprime, de plus, la résistance préjudiciable que pourrait occasionner le frottement des aubes dans l'atmosphère ambiante au repos. Ces aubes peuvent être aussi façonnées isolément, puis assemblées, comme le montre la figure 15.

Fig. 20. — Roue dentée.

Arbre flexible (fig. 16-4). — Il est certain que, quelque précaution qu'on prenne dans la fabrication de la roue, il est à peu près impossible d'obtenir que son centre de gravité vienne coïncider avec l'axe géométrique de l'arbre et que son plan de symétrie lui soit perpendiculaire.

La roue ayant une très grande vitesse angulaire, l'effet de la force centrifuge pourra devenir considérable.

Pour 1 gramme placé à la périphérie d'une roue de 0,16 m de

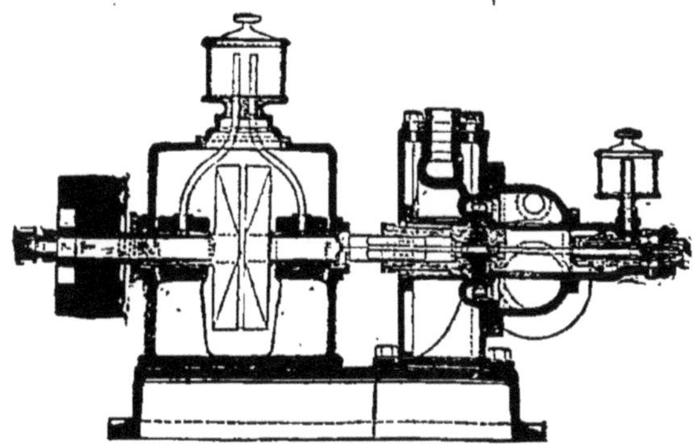

Fig. 21. — Coupe longitudinale de la turbine.

diamètre faisant 24 000 tours à la minute, l'effet de la force centrifuge est égal à 50 kg et l'on pourrait craindre, de ce chef, avec des arbres rigides, des échauffements dans les coussinets, et même la rupture de l'arbre. M. de Laval a résolu cette diffi-

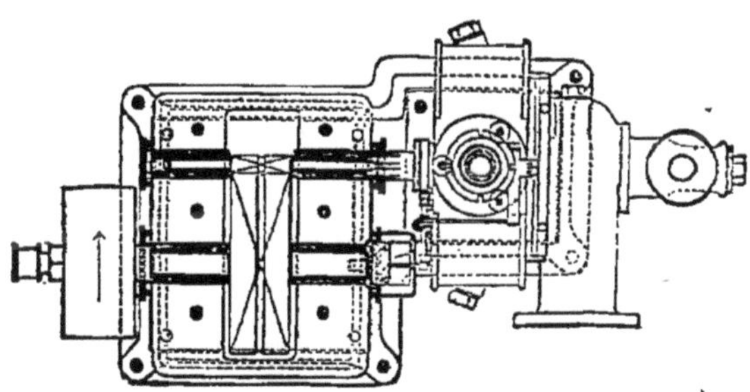

Fig. 22. — Coupe horizontale de la turbine.

culté d'une façon fort ingénieuse et avec le plus grand succès, en utilisant les propriétés gyrostatiques des corps et montant sa roue d'une certaine façon sur un arbre très mince, et par suite flexible.

Si l'on fait tourner un corps, qui a un plan de symétrie autour d'un axe maintenu à ses extrémités et passant par son centre de gravité, ce corps tendra, à mesure que la vitesse augmente, à tourner autour de son axe principal d'inertie qui est la ligne perpendiculaire au plan et passant par le centre de gravité. L'axe physique étant flexible, se déformera de la quantité nécessaire pour lui permettre cette orientation, comme l'indique la figure 23. La position du disque que, pour plus de simplicité, nous avons

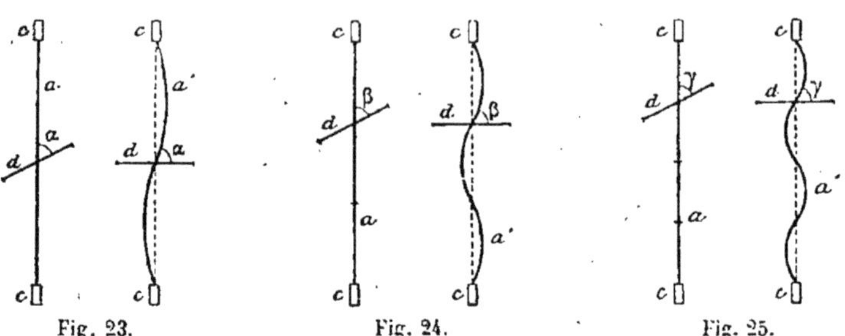

Fig. 23.   Fig. 24.   Fig. 25.

pris comme exemple, n'a pas d'influence. Ce disque peut être au milieu de l'axe *(fig. 23)*, à un tiers *(fig. 24)*, ou un quart *(fig. 25)* de distance d'un de ses points fixes : le phénomène se reproduira de la même façon. Le mouvement vibratoire de l'arbre seul changera.

Si l'on fait tourner, au contraire, ce disque autour d'un arbre

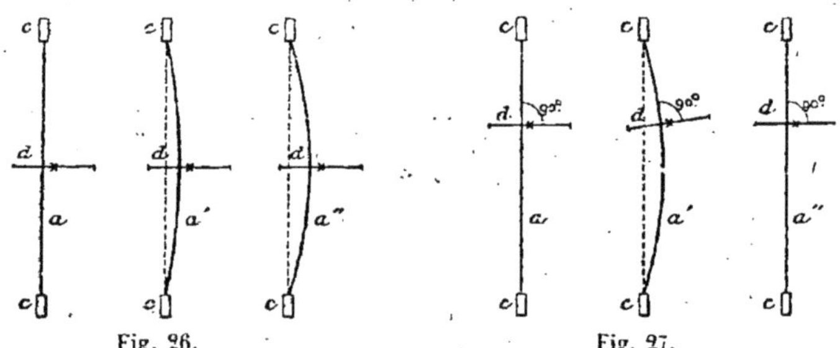

Fig. 26.   Fig. 27.

a l'arbre flexible au repos ; *a'* l'arbre flexible en mouvement ; *a"* l'arbre flexible à partir d'une certaine vitesse ; *d* disque ; *c* coussinet ; *x* centre de gravité.

flexible perpendiculaire à son plan de symétrie, mais ne passant pas par le centre de gravité, il y aura deux cas différents :

1° Le disque étant placé au milieu de l'axe entre ces deux points fixes, le centre de gravité tendra à s'en éloigner d'autant plus que la vitesse sera plus grande *(fig. 26, a', a")*.

2° Si le disque ne se trouve pas au milieu de l'arbre, celui-ci commencera par fléchir ; mais alors le plan de symétrie du disque se trouvant incliné par rapport à l'axe géométrique, le disque tendra, à mesure que la vitesse augmentera, à se placer perpendiculairement à cet axe et à ramener, par conséquent, l'arbre dans la ligne des paliers supposés rigides *(fig. 27, a' a'')*.

En fait, les arbres des turbines de Laval sont en acier et de

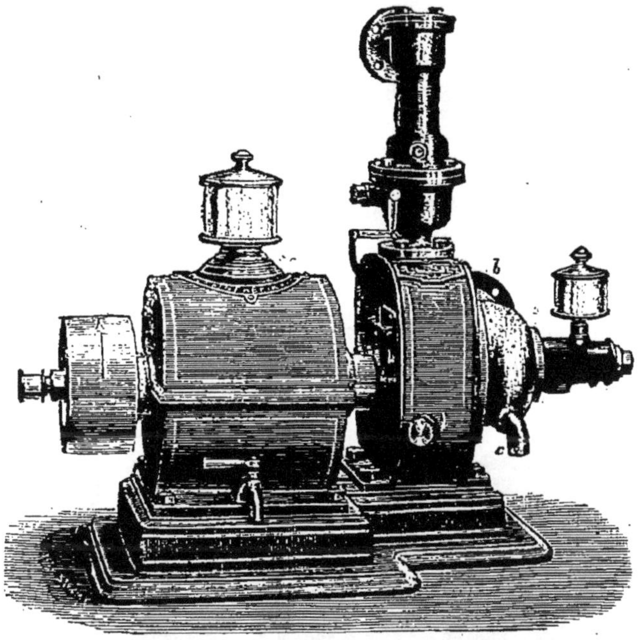

Fig. 28. — Vue d'ensemble d'une turbine-moteur.

diamètre extrêmement faible ; les portées sont très longues, elles reposent dans des coussinets en bronze avec interposition de métal anti-friction, et un graissage modéré, mais continu, permet d'éviter tout grippement.

Régulateur de vitesse. — Les différentes pièces du régulateur sont représentées sur la figure 19. Son fonctionnement est le suivant : Les bases du régulateur formées par deux demi-cylindres (8), pivotent à couteaux sur la gaine (10) et les talons qui servent de base à ces demi-cylindres appuient contre la tête d'une pointe

(11) agissant par l'intermédiaire d'un levier sur la soupape d'admission. La pointe (11) est maintenue par un ressort antagoniste (9) enfermé dans la gaine à l'aide de l'écrou (12). Le régulateur

Fig. 29. — Vue d'ensemble d'une turbine accouplée à une dynamo.

agit donc sur la valve d'admission de la vapeur et assure une régularité parfaite à la machine, quelle que soit la charge.

D'ailleurs, la vapeur, au sortir de cette valve, se répartit entre

Fig. 30. — Turbine dynamo.

plusieurs conduits 4, 6, 8... suivant les machines. Des obturateurs peuvent être manœuvrés de l'extérieur de la machine à l'aide de valves à main et permettent ainsi de réduire à la moitié, au tiers, au quart, etc., la puissance maxima de la machine, tout en conservant à celle-ci d'excellentes conditions économiques de fonctionnement. Il en résulte qu'une machine donnée consomme.

à peu près la même quantité de vapeur par cheval à la moitié,
au tiers, ou au quart de sa puissance normale.

APPLICATIONS.

Moteurs. — La turbine de Laval peut remplacer les moteurs à
vapeur ordinaires dans toutes leurs applications.

La figure 28 représente l'ensemble d'une turbine-moteur de 5
jusqu'à 50 *ch*.

A partir de cette puissance, les turbines portent deux arbres

Fig. 31. — Turbine-dynamo à deux induits.

moteurs jumeaux et, par conséquent, deux poulies de commande.

La vitesse de la turbine proprement dite étant toujours considérable par rapport à celle de l'organe à conduire, toutes les machines sont munies d'un arbre auxiliaire en relation avec l'arbre
principal par l'intermédiaire d'un pignon *(fig. 16)* et d'une roue
dentée *(fig. 20)*.

Les figures 21 et 22 représentent deux coupes de la turbine.

La figure 32 représente une application industrielle; la vitesse
de l'arbre commandé est de 480 tours, la poulie de la turbine
faisant 3 000 tours.

La figure 33 représente un moteur à deux arbres jumeaux,
comme cela se fait pour toutes les turbines à partir de 50 *ch*. Cette

turbine porte deux poulies à gorge pour une transmission par câble. Ce câble est tendu par un tendeur spécial indiqué sur la figure en question.

Turbines-dynamos. — Quand il s'agit de commander par la turbine une dynamo, on peut les accoupler directement.

Les figures 29 et 30 représentent des groupes électrogènes simples ainsi constitués.

La figure 31 représente une turbine-dynamo à deux induits, tout indiquée, par exemple, pour la distribution à trois fils.

La figure 34 représente l'ensemble d'une installation électrique.

Turbines-pompes, *turbines-ventilateurs*, etc., sont d'autres applications de la turbine.

La figure 35 représente une turbine-pompe simple.

La figure 36 représente une turbine-pompe conjuguée. Chacun des deux arbres moteurs de la turbine est accouplé à une pompe centrifuge. Celles-ci sont liées ensemble, soit parallèlement pour doubler le débit, soit en série pour augmenter la pression du liquide refoulé.

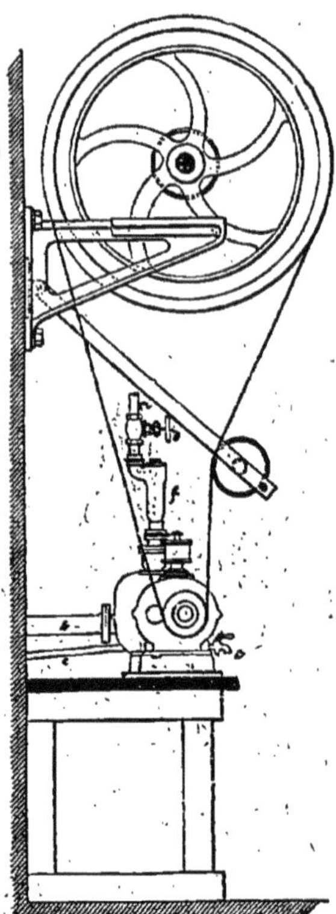

Fig. 32.

a admission, b échappement, c écoulement de l'eau condensée, d vanne d'admission, e robinet d'écoulement d'huile, f boîte à crépine.

Avantages de la Turbine de Laval.

1° Dans toute machine rotative travaillant à grande vitesse, l'usure des pièces soumises à frottement amène rapidement du jeu entre ces pièces. L'étanchéité étant pour toutes ces machines une condition absolue d'économie, et cette étanchéité disparaissant rapidement, la consommation de vapeur qui, au début, reste quelquefois inférieure à 30 ou 40 *kg* par cheval, atteint très rapidement des chiffres énormes.

Dans la turbine de Laval, au contraire, la force vive de la vapeur agissant seule et non sa pression, il y a toujours, par cons-

Fig. 33. — Une turbine à deux poulies à gorge pour transmission par câble.

truction entre la roue et son enveloppe, un jeu de 2,5 *mm* ; aucune pièce n'est donc soumise à des frottements et la consommation reste constamment la même, quel que soit le temps de fonctionnement de l'appareil.

2° Par principe, la vapeur a la même pression sur les deux faces de la roue.

Elle suit donc tout naturellement le chemin que lui offrent les

Fig. 34. — Vue d'ensemble d'une installation électrique.

canaux des aubes, si celles-ci ont bien le profil convenable, et le passage direct à l'échappement est évidemment nul, aussi bien au moment de la livraison de la machine qu'après un temps quelconque de fonctionnement.

On vérifie bien cette propriété dans la pratique. Il suffit, en effet, d'ouvrir un des purgeurs de la boîte du moteur, côté échappement, pour constater que cette vapeur sort sans vitesse, et c'est là la raison pour laquelle, comme nous venons de le dire, l'inventeur laisse entre la roue et la boîte-enveloppe un jeu très appréciable qui supprime tout frottement sur la périphérie de la roue.

3° Les condensations dans la machine sont négligeables, quelle que soit la pression de la vapeur utilisée.

En effet, la vapeur est ramenée par son passage dans les conduits à la pression d'é-

Fig. 35. — Turbine-pompe.

chappement au moment où elle arrive en contact avec la roue. La vapeur à haute pression, et par suite à température élevée, ne se trouve donc jamais en contact avec cette roue qui n'a pas

Fig. 36. — Turbine-pompe conjuguée.

à subir, comme les cylindres des machines à piston, des alternatives de haute et basse températures, cause essentielle des condensations.

Les conduits peuvent d'ailleurs être mis entièrement à l'abri de l'action refroidissante de l'air, et c'est là le ças de la turbine de Laval, où ils sont absolument noyés dans des épaisseurs relativement considérables de matières.

4° L'utilisation de la vapeur est poussée à sa limite, puisqu'elle passe, dans les conduits, de la pression à la chaudière à la pression de l'atmosphère extérieure. Il en résulte, pour cette machine, une consommation égale à celle des meilleures machines à vapeur.

Les essais de ces machines, à la marche à condensation, faits par MM. Coderblom, professeur à l'École Centrale de Stockholm, Anderson, son assistant, et Uhr, inspecteur des métiers, constatent une consommation de 9 *kg* de vapeur par cheval effectif et par heure, avec une pression d'admission égale à 8 *kg* de vapeur et un vide de 0,67 *m*. Nous avons eu l'occasion, à plusieurs reprises, de répéter les mêmes essais et nous avons reconnu l'exactitude absolue des chiffres énoncés.

5° La turbine de Laval ne contient plus, comme seul organe en mouvement, qu'une roue tournant librement dans la chambre à vapeur et un train d'engrenage.

Plus de piston, de bielle, de coussinets de tête et de pied de bielle, plus de tiroirs, plus d'excentriques, comme on peut le voir sur les figures précédentes.

Nous avons, en résumé, avec la turbine de Laval de nombreux avantages :

Une très grande simplicité de construction ; faibles résistances passives ; absence de fondations ; encombrements très réduits ; faible poids ; vitesse bien constante ; consommation très réduite ; dépense en huile et en chiffons considérablement réduite ; peu de surveillance ; démontage et visite rapides ; marche silencieuse et absence de trépidations.

C'est ainsi qu'au point de vue du poids une turbine

de 5 *ch* ne pèse que 130 *kg*, soit 26 *kg* par cheval de puissance
10 —   —   200   —   20   —   —
15 —   —   235   —   16   —   —
30 —   —   410   —   14   —   —

Tous ces avantages sont, d'ailleurs, consacrés par une pratique de plus de trois ans ; 6 000 *ch* environ ont été mis en service à la date du 31 décembre 1894, en France et à l'étranger ; partout leur fonctionnement a été trouvé irréprochable.

Aperçu général.

La théorie de la turbine de Laval s'établit de la même manière que celle de la turbine d'Euler à libre déviation, au moins en ce qui concerne le récepteur. Dans la détermination des distributeurs, il faut faire entrer en ligne de compte les propriétés spéciales des fluides élastiques.

La vapeur saturée sort de la chaudière à une pression déterminée et s'échappe dans l'atmosphère ou un condenseur à pression également déterminée en passant par un distributeur.

Ce distributeur doit avoir, du côté de la chaudière, une forme telle qu'elle épouse la veine fluide. Il doit se terminer au point où le fluide, ayant pris la vitesse maximum dont il est susceptible, a sensiblement la même pression que le milieu ambiant.

Il ne faut pas qu'il y ait, entre le distributeur et la turbine, un excès de pression, car la vapeur continuerait à s'accélérer dans les aubes et sortirait avec une vitesse trop grande, ni que la pression tende à baisser dans le distributeur au-dessous de celle du second milieu, ce qui donnerait lieu à des mouvements tourbillonnaires, accompagnés d'un réchauffement de la vapeur. Dans les deux cas, on n'utiliserait qu'une partie de la force vive.

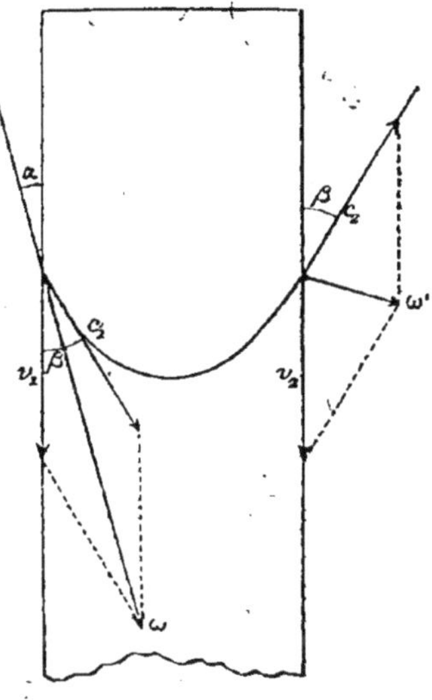

Fig. 37.

En ce qui concerne le récepteur, étant donné qu'il s'agit d'une turbine axiale à libre déviation, pour obtenir le maximum de rendement, on doit remplir les conditions suivantes :

L'angle d'inclinaison des aubes distributrices doit être aussi faible que possible.

L'aube de la roue réceptrice doit avoir la direction de la vitesse relative à l'entrée, pour éviter les *chocs*.

La vitesse linéaire de la turbine doit être égale à la vitesse relative de sortie du fluide et, par suite, à la vitesse relative d'entrée.

Cette condition détermine l'inclinaison des aubes de la roue réceptrice, qui doit être double de celle des aubes distributrices.

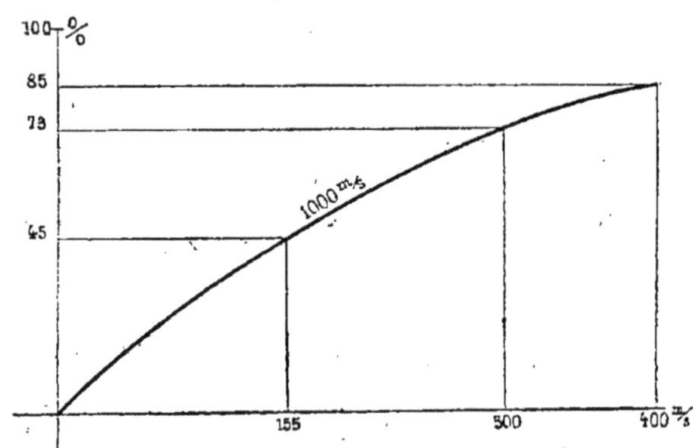

Fig. 38. — Courbe des rendements théoriques de la machine en fonction de la vitesse périphérique du disque pour une même vitesse de la vapeur.

L'angle d'inclinaison des aubes à la sortie doit être le même qu'à l'entrée.

Ces relations s'expriment comme suit *(fig. 37)* :

$$\beta = 2\alpha,$$

$$v_1 = v_2 = c_1 = c_2 = \frac{\omega}{2\cos\alpha}$$

et

$$\omega' = 2v_1 \sin\frac{\beta}{2} = 2v_1 \sin\alpha$$

α étant l'angle d'inclinaison des aubes distributrices;
β — celui des aubes réceptrices;
v_1 — la vitesse linéaire de la turbine;
c_1 — la vitesse relative à l'entrée;
c_2 — la vitesse relative à la sortie;
ω — la vitesse absolue à l'entrée;
ω' — la vitesse absolue à la sortie.

Le rendement théorique du distributeur est égal à :

$$\eta = \frac{\omega^2 - \omega'^2}{\omega^2} = 1 - \mathrm{tg}^2\,\alpha.$$

Pour $\alpha = 20°$, qui est l'angle pratiquement le plus faible dans l'espèce :

$$\eta = 0,87.$$

Le rendement maximum aurait lieu avec $\alpha = 0$ et, par conséquent, quand la vitesse linéaire serait égale à la moitié de la vitesse d'arrivée du fluide.

La courbe ci-dessus *(fig. 38)* nous donne des rendements *théoriques* en fonction de la vitesse périphérique du disque pour une même vitesse de la vapeur.

Ce rendement pour $\omega = 1\,000\,m$ par seconde serait de 45 0/0 à la vitesse périphérique du disque de 155 m par seconde ;

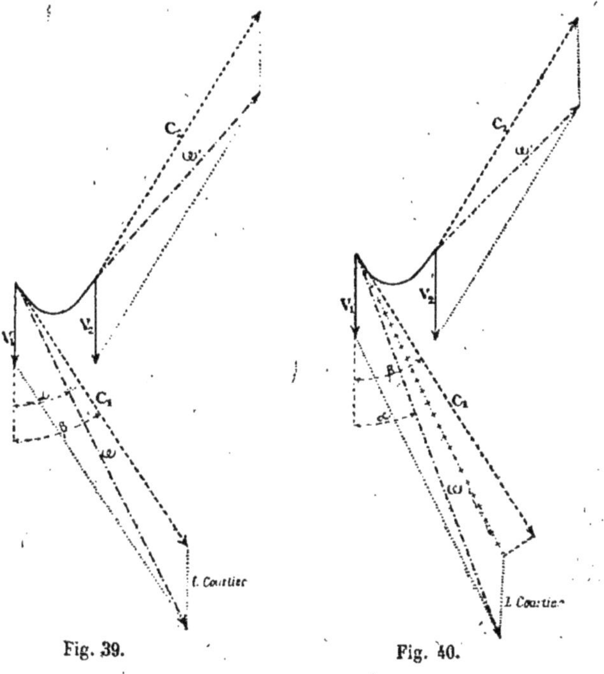

il s'élèverait à 73 0/0 à 300 m et à 85 0/0 à 400 m par seconde, vitesse qu'il serait difficile de dépasser à cause de la résistance même de la matière.

Pratiquement, nous aurons des écarts plus ou moins grands entre ces vitesses, comme nous l'indique la figure 39.

Les considérations d'exécution des aubes ne nous permettront pas non plus d'éviter complètement les chocs. La vitesse relative à l'entrée *(fig. 40)* sera déviée de sa direction normale par l'aube pour suivre une nouvelle direction c_1.

Le rendement du distributeur sera abaissé de ce chef de 85 à 75 0/0 environ.

Pour utiliser l'excès de vitesse absolue à la sortie, on peut recourir à un dispositif dit *compound*, et qui consiste à faire diriger le fluide à sa sortie de la première turbine dans une autre, ayant la même vitesse linéaire.

La vitesse relative à la sortie de cette seconde roue réceptrice c_4 se trouve ainsi sensiblement rapprochée de la vitesse linéaire de cette roue et la vitesse absolue à la sortie ω''' de beaucoup réduite, comme on le voit dans la figure 41. Le rendement se trouve ainsi sensiblement amélioré.

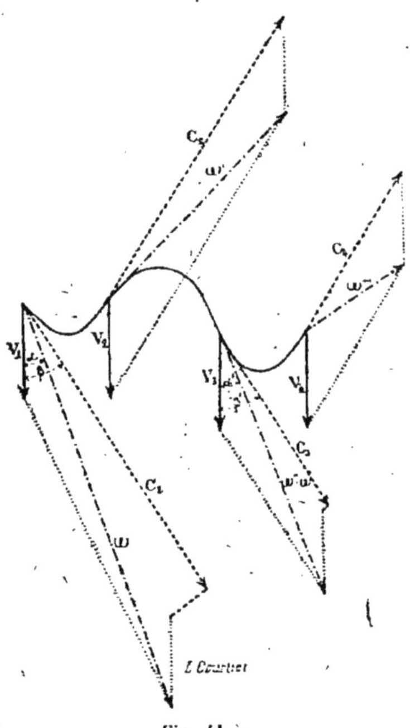

Fig. 41.

D'une manière générale, la vitesse d'un fluide élastique s'écoulant librement d'un milieu dans un autre, sans recevoir ni perdre de chaleur (écoulement adiabatique) est donnée par la formule de Weisbach, qu'on peut écrire :

$$\frac{\omega^2}{2g} = u,$$

u étant le travail gagné par l'unité de poids du fluide en se détendant.

Ce travail est égal à :

$$- \int_{p_0}^{p_1} v\, dp,$$

où v est le volume spécifique et p la pression (p_0 celle de la chaudière et p_1 celle du condenseur).

Les courbes ci-dessous *(fig. 42)* donnent la puissance théorique d'un kilogramme de vapeur à diverses pressions effectives suivant la marche avec ou sans condensation. Nous voyons qu'elle est de 40 000 *kgm* par kilogramme de vapeur pour 10 *kg* de pression d'admission et la marche à échappement libre, qu'elle dépasse 60 000 *kgm* pour la même pression d'admission et l'échappement au condenseur, le vide étant de 0,2 *kg* par centimètre carré et qu'elle atteint 70 000 *kgm* à 0,1 *kg* de vide par centimètre carré.

Cette puissance atteindrait 93 000 *kgm* par kilogramme de va-

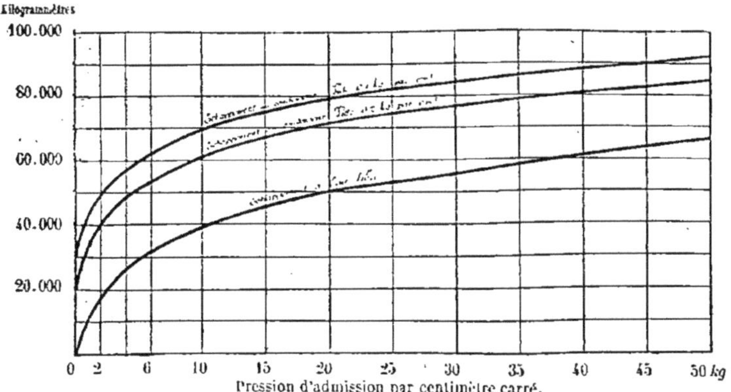

Fig. 42. — Courbes de la puissance théorique d'un kilogramme de vapeur à diverses pressions effectives.

peur à la pression de 50 *kg* et échappement au condenseur dont le vide serait de 0,1 *kg* par centimètre carré.

La figure 43 nous donne la consommation de vapeur par cheval effectif et par heure en fonction de pression d'admission et celle de l'échappement. Ces courbes sont tracées en admettant un rendement pratique facilement réalisable de 60 0/0.

Ainsi, l'on peut dès à présent ne pas dépasser, avec la turbine de Laval, par cheval *effectif* et par heure, les chiffres de consommation suivants :

A 6 *kg* de pression d'admission, 14 *kg* sans condensation, et 7,75 *kg* avec condensation, le vide étant de 0,1 *kg* par centimètre carré ;

A 10 *kg* de pression d'admission, 12 *kg* sans condensation, et 6,5 *kg* avec condensation, le vide étant de 0,1 *kg* par centimètre carré ;

A 15 *kg* de pression d'admission, 10 *kg* sans condensation, et 6 *kg* avec condensation, le vide étant de 0,1 *kg* par centimètre carré.

Avec des pressions plus élevées, on arrivera à des consommations plus réduites encore, et c'est là le grand avenir de ces machines.

Nous sommes loin de la limite à laquelle pourront arriver les générateurs. Ils travaillaient bien à 2 *kg* de pression et même à la pression atmosphérique tout au début. Les pressions de 4 *kg* étaient considérées comme dangereuses. Nous sommes arrivés progressivement à 6, 10 et 15 *kg*. Il n'y a pas de raison pour qu'on n'aille pas un jour jusque et au-dessus de 50 *kg*.

Or, les moteurs à pistons sont incapables de travailler à ces

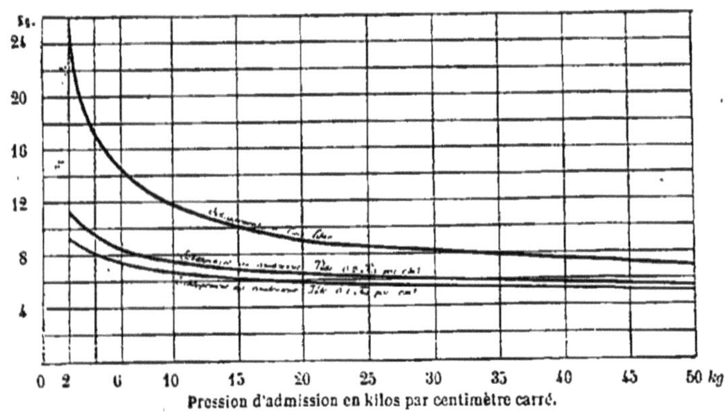

Fig. 43. — Courbes de la consommation réelle de vapeur par cheval effectif et par heure en fonction de pression d'admission, et celle de l'échappement.

pressions pour des raisons qu'il est inutile de développer ici, tandis que les turbines de Laval pourront parfaitement utiliser la vapeur à n'importe quelle pression, puisque celle-ci est transformée en force vive avant d'arriver dans le moteur même.

L'examen des courbes de la figure 43 donne une idée de l'économie considérable qu'on pourra tirer des pressions élevées avec la turbine de Laval.

En terminant, nous tenons à rendre hommage aux Ingénieurs et à l'industrie française dans lesquels cette nouvelle et hardie invention a trouvé le plus précieux soutien. D'un côté, la construction irréprochable, dont nous ne pouvons que féliciter la maison Bréguet; d'un autre côté, l'accueil plus que bienveillant que cette industrie a réservé, dès le début, à la turbine de Laval en lui ouvrant largement ses portes pour ses multiples applications, nous encouragent de plus en plus à persévérer dans cette nouvelle voie, d'ailleurs pleine de promesses.

IMPRIMERIE CHAIX, RUE BERGÈRE, 20, PARIS. — 13632-7-95. — (Encre Lorilleux).

www.ingramcontent.com/pod-product-compliance
Ingram Content Group UK Ltd.
Pitfield, Milton Keynes, MK11 3LW, UK
UKHW022326170726
13837UKWH00005BA/2151

9 782019 952174